JN023414

Chief

Written by **Makoto Hayashi**

my 公務員BOOK **「係長」**

林 誠

本書の使い方

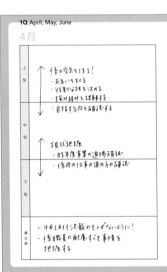

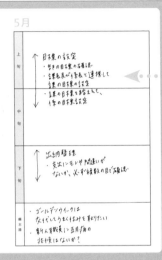

09

地方自治法を
理解する

　自治体で仕事をする以上、地方自治法の理解は必須です。忘れてはならない基本的な決まりごとがほとんど盛り込まれていると言っていいでしょう。

　ただ、普段の業務で使うのは、それぞれの所属の業務に特化した法令が中心となると思います。まちづくり関係であれば都市計画法を、福祉部門は福祉関係の法令を手元に置いて仕事をしていることでしょう。担当者は、そうした法令を細かく読み込み、それをきちんと運用することに専念します。

　地方自治法の出番となるのは、日々行っている業務から少し踏み込んだ場合でしょう。たとえば、随意契約により契約を行うためにはどんな要件があるのか、事業が年度内に終わらずに予算を繰り越したいがどうすればいいのか、どのような場合に議会の議決が必要なのか、などです。

　地方自治法を知らずに仕事をしていると、本来踏むべき手順を飛ばしていたり、違法性を欠く手続となっていたりすることがあります。係長は、そうした事態にならないように気を配らなければなりません。

　心がけるべきは、折に触れて地方自治法に当たる癖をつけることだと思います。法令はインターネットでも見られますし、実物は重いうえにかさばりますが、あえて手元に実物の六法を置くことをお勧めします。ことあるごとにページを開いていれば、徐々に地方自治法が自分のものになってくるはずです。

本書は、係長の1年の業務をざっくり知ることができる、心得や知っておきたい知識・教養を知ることができる、係長のための本です。また、記録やメモができる仕様のため、ぜひ"自分だけ"の本に育ててください！

➕ 業務の予定を書き込めます

課の業務スケジュールや自分の係のすべきことを書き込めます。翌年に「去年はどんなスケジュール感で動いていたっけ？」と振り返るときや、引継ぎ書を作成するときにも便利です。「引継ぎ書を作成している暇がない〜！」、そんなときはこの1冊をそのまま渡してしまうのも手です。渡すための本、と思いながら記録をつけていくのも特別な1冊になりそうです。

本書は
カバーを外して
使えるデザイン！

➕ 書き留めながら
   業務を"見える化"

本書で紹介している係長の心得は、多くが、「自分の自治体の場合は？」「そういえばこんな課題があった…」と考えを発展させておきたくなるもの。"調べて考えてみる"というアクションを起こしてみましょう。

➕ 思いついたときに
   その場でメモ！

メモができる余白が随所にあり、気づいたその場で書き留めておくことができます。あとでメモをなぞり返してみると、その時は気づかなかった新たな発見があるかも？

はじめに

　本書の出版に当たって、
「自治体の係長の皆さんが、いつも手元に置いてひも解けるような、そんな本を作りたいと思っています」
といった相談をいただきました。

　そう言われて自分自身を振り返れば、十分な覚悟も準備もないまま係長になってしまったような気がします。私の勤める市役所には、管理職への昇任試験はあるのですが、係長級になる際の試験はないので、辞令をもらったときも「ああ、自分もそんな年齢になったのか」くらいの感覚でした。

　正直、係長という職の意味を深く考えていなかったのだと思います。それまでの仕事の延長線上として捉えて、「やることちゃんとやればいいんでしょ」くらいに構えていたのでしょう。ああ、もう、その頃の自分をしかってやりたい気持ちです。

　当然ですが、係長に求められるものは、担当者時代のそれとは違います。係に割り当てられている仕事をやればいい、というものでは全くありません。

長が付く立場になって、見える風景が変わりました。目の前の仕事をしっかりやるのは当然のこととして、もっと広く眺める必要が出て来たのです。個人的にではなく、組織としてどうあるべきか、ということを考えなければならないうえ、いつ頃までに何をするというスケジュール感も、常に持っていることを求められるようになりました。

　また、人に関することに気を遣う必要がぐっと増えました。誰にどのくらいの分量の仕事をお願いしようか、この人の得意な仕事はなんだろう、などと頭を悩ませることに加え、若手職員の育成にも意を尽くさなければなりません。さらに、課長との関係、係長間での連携などにも気を配る必要があり、毎日オタオタしていた記憶があります。

　そんな私が、現役バリバリの係長の皆さんに向けた本を出すのは大変おこがましいのですが、あの頃の自分がこういうことを知っていたら助かったのにな、という思いを込めて書きました。
　係長の役割が以前にも増して高まっているように感じます。まさに現場の主役です。この本が、最前線で踏ん張る皆さんの力に少しでもなれれば嬉しいです。

Contents 目次

Column 3

あんな人こんな人への傾向と対策

Column 4

あんな人こんな人への傾向と対策

第3部　係長の心得

プロローグ

係長の"○○"

係長の3原則

1 係長はプレイングマネージャーである

　係長は、係を引っ張る力を持つ、現役のプレイヤーであらねばなりません。しかし、それだけではなく、係の業務をマネジメントする役割も果たさなければなりません。

　両方は大変ですが、やりがいは一番です。業務を実質的に回すのは係長なのです。

2 成果を上げ、変化を起こす

　係長には、メンバーと力を合わせ、目標として掲げた成果を上げることが求められます。

　さらに、ニーズの移り変わりに対応するために、変化を起こす役割も果たさなければなりません。例年どおりの仕事をこなすだけでは、期待に応えたとは言えません。

3 部下の育成に責任を持つ

　係長は、メンバーの育成に責任を持たなければなりません。やるべき仕事をしっかりやり、成果も上げた、しかし後に続く人材は育っていない……では係長として合格とは言えないのです。のびのび働けて、成長も実感できる、そんなチームを目指しましょう。

● 判断から逃げるべからず

係長は、部下から判断を求められる存在です。相談をしていた立場から、意思決定をする立場に変わります。上の職位に相談を持ち込むこともあると思いますが、その際もノーアイデアで臨むわけにはいきません。常に、係長自身が判断をしなければならないのです。

● 仕事を抱えるべからず

仕事ができる人ほど、仕事を抱え込みたくなるものでしょう。自分でやったほうが速いし質も高いとわかっているのですから。人に任せるのは、自分でやるより苦しいものです。それでも、仕事の継続のために、メンバーの成長のために、係長は抱え込んではいけません。

● 情報をためるべからず

係長には、部下からの情報を吸い上げて上司に報告する役割と、上司からの情報を部下に伝える役割があります。係長が情報をためてしまうと、経路が途絶えてしまいます。

主体的に情報を流すとともに、情報が詰まらないような雰囲気や仕組みを作りましょう。

係長の「べからず」

係長の1日

● 始業前

　係長は、できる限り早めに席に着いていたいところです。その日にやるべきことを整理し、余裕を持って始業を迎えましょう。また、執務環境の確認も忘れずに。整理されていなかったり、書類が出しっぱなしになっていたりしたら、問題が生じているかもしれません。

● 就業中

　プレイングマネージャーである係長は、マネージャーとしての業務を行う時間を、意識して確保する必要があります。部下に「いつも忙しそうで相談できない」と思われたら、情報を吸い上げることができず、マネジメントも機能しない状態になってしまいます。

● 終業後

　衰退傾向にあった「飲みニケーション」は、コロナ禍によってさらに存在感を小さくしました。残念に思う人もおられるでしょうが、終業後は個々の時間を充実させる時代なのだと思います。趣味を楽しんだり、有志のサークルに参加したり、自分磨きに努めましょう。

　役所の中だけで長く過ごしていると、世間とずれていたり、惰性になっていたりすることがあります。"長"が付く職になった機会に、身の回りを見直しましょう。

　服装については、係長だからといって、取り立てて高価なものに買い替える必要はないと思います。ただ、役所外の人と接する機会が増えるでしょうから、きちんとした格好にはしておきたいものです。役所を代表している、ということを常に意識しましょう。

　外部の人と会うときには、当然名刺交換があります。役所には、いまだに名刺を持たない人がいます。持とうが持つまいが個人の自由、と思うかもしれませんが、対外的にはありえません。係長になった以上、名刺は必携。できればオリジナル名刺を作りましょう。

　職場の整理にも心がけたいものです。

　係長になると、一気に資料が増えます。きちんと整理しないと、たちまち机の上に積み上がってしまいます。書類を探す時間は無駄ですし、散らかしたままでは紛失の心配もあります。机の上は模範になるくらいにいつも綺麗に、必要な資料がさっと出せるよう、机の中も整頓しておきましょう。

第1部

係長の仕事

第1四半期にすべきこと

　4月。役所では、いろいろなものが切り替わります。是非いいスタートを切りたいものです。そして、1年を乗り切るための、しっかりした仕込みをしましょう。

✚ 空気を作る

　何事も「はじめが肝心」と言います。4月の第1週目から、トップスピードで走り出したいものです。

　そのために必要なのは、いい「空気」を作ることです。このチームでならがんばれる、という空気ができれば、あとは自然に転がっていきます。

✚ 徹底した現状の把握

　いい仕事をするために欠かせないのが、所管業務の現状把握です。事業の対象者数や実施回数、満足度といったいろいろな指標、それらの経年変化など、数字をしっかり押さえましょう。

　それらを踏まえて、正しい課題認識をしたいものです。

課題を正しく捉えられれば半分は解決したようなもの、と言えます。逆に、課題を間違って捉えてしまうと、見当違いの方向に進んでいきかねません。

✚ 目標設定

　年度のはじめに、年間を通した係の目標を設定します。徴税担当であれば徴収率のアップでしょうし、大きなイベントを実施する課であれば手がけたイベントの成功が目標となるでしょう。

　目標は、係長一人で設定するのではなく、メンバーと意見交換をしながら作り上げていきましょう。役所全体の目標、部や課の目標としっかり整合させることがポイントです。

▶私の自治体の場合
·······························

4月

上旬	
中旬	
下旬	
備忘録	

5月

上旬	
中旬	
下旬	
備忘録	

6月

上旬	
中旬	
下旬	
備忘録	

MEMO

第2四半期にすべきこと

　年度が始まって3か月。仕事は軌道に乗っているでしょうか? 前年度の仕事を振り返りつつ、次のステップに向けての仕込みも始めていきましょう。

✚ 昨年度業務の評価

　役所の仕事は、基本的に1年サイクルです。単調と言えば単調かもしれませんが、サイクルが決まっていることは、見直しがしやすいというメリットにもなります。

　見直しの仕組みとして、ほとんどの自治体に行政評価の仕組みがあると思います。これを「やらされ仕事」と受け身で考えず、前向きな改善につなげるツールと捉えましょう。

✚ 新入職員・異動者のフォロー

　新年度が始まってから四半期が過ぎました。5月病と呼ばれる季節も乗り越え、自分の色も出し始められている頃合いですね。

一方、慣れから来るミスが生じがちになるタイミングでもありますし、疲れが溜まる時期とも言えます。新入職員や異動者については、特に気にかけ、しっかりフォローしましょう。

✚ 次年度新規事業の立案

　本格的な予算編成作業は秋になりますが、多くの自治体で、新規事業については事前に審査をしていると思います。そうした制度がないとしても、いざ予算編成時期に突入してから慌てて考えてもおそらく間に合いません。夏ぐらいから、次年度の新規事業の仕込みを始めておく必要があります。

▶ 私の自治体の場合

7月

上旬	
中旬	
下旬	
備忘録	

8月

上旬	
中旬	
下旬	
備忘録	

9月

上旬	
中旬	
下旬	
備忘録	

MEMO

第3四半期にすべきこと

　実りの秋は、役所の仕事も佳境。大きな行事が集中する時期でもあります。予算編成では、やりたいこと・やるべきことをしっかり盛り込みましょう。

✚ 中間確認

　年度が始まって半年が経過しました。折り返し点に来たこの時点で、事業の進捗を今一度しっかり確認しておきたいところです。

　計画以上に進んでいれば、その勢いを続けましょう。もし思うどおりの進行でなければ、その原因を見定め、しっかり対応していかなければなりません。この段階ならまだ間に合います。

✚ 予算編成

　役所において、予算は非常に重要です。どの事業をどのように進めていくか、十分に内容を吟味して、漏れなく積算する必要があります。

よりよい予算とするためには、メンバーの意見をできる限り吸い上げるべきだと思います。納得感のある予算編成ができれば、執行の際にも活きてきます。

✚ 主要事業の実施と参加・協力

秋には、いろいろな事業やイベントが実施されるでしょう。事業所管としては、積み上げてきたものの集大成となります。段取り八分、という言葉もあるように、当日もさることながらそれまでの準備が大切です。

大きなイベントを所管していないのなら、他の所属の事業に積極的に参加・協力しましょう。横のつながりを作る絶好の機会ですし、一体感を醸成することもできます。

▶私の自治体の場合

10月

上旬	
中旬	
下旬	
備忘録	

11月

上旬	
中旬	
下旬	
備忘録	

12月

上旬	
中旬	
下旬	
備忘録	

MEMO

第4四半期にすべきこと

お正月を迎えたら、年度も残りわずか。やり残しのないようにしっかり締めくくるとともに、次の年度に向けた準備も進めましょう。

✚ ラストスパート

年が明けると、年度末まであっという間に過ぎてしまいます。残り3か月。気持ちも新たにネジを巻き直しましょう。

やり残しはないか、思ったより進捗していない取組はないか、など、メンバーと現状を共有しながら、事実に基づいて進めましょう。

✚ 予算議会対応

3月議会は最も注目度が高く、職員の負担も大きい議会になります。なぜなら、次年度予算が審議され、ほとんどすべての所属が当事者になるからです。

特に新規事業を予定している所属は、万全の準備で臨

みましょう。議員にしっかり説明し、趣旨を十分に理解してもらうことで、その事業への応援団を増やすことができます。反対に、効果や意味に疑問を持たれてしまうと、その後の進捗にも影響が出かねません。

➕ 引継ぎ

当然のことながら、「引継ぎ」も仕事の一環です。異動が発表されたら、年度内にしっかり引き継ぎましょう。

そのためには日頃からの準備が大切です。異動が決まってから慌てて引継方法を考えるようでは、十分な引継ぎは難しいものです。異動はいつも突然です。いつ言い渡されてもいいように、しっかり準備しておきましょう。

▶ 私の自治体の場合

1月

上旬	
中旬	
下旬	
備忘録	

2月

上旬	
中旬	
下旬	
備忘録	

3月

上旬	
中旬	
下旬	
備忘録	

MEMO

係長

と

上司 編

Q

ど〜〜したら
いいの？

情報を部下に
下ろしてくれない
課長

A　情報を下ろしてくれない課長には、知らずにそうなっている場合とわざとそうしている場合があります。知らずにそうなっているのなら、情報を伝えてもらいたい旨を伝えれば対応してくれるはずです。

　問題は、わざと情報をためている場合です。情報を持っていることは1つの強みになりますので、それを自分だけのものにしておきたいのかもしれません。黙っていても事態は好転しないので、情報が来なくて困っていることをしっかり伝えましょう。仕事が進まなくて困るのは、課長も同じはずですから。それでも、期待どおりに改善されない可能性もありますので、課長以外からの経路で情報を仕入れる工夫もこっそりしておきましょう。

新しいことを
とにかく嫌がる
課長

A これまでにないことをするのを徹底的に嫌がる人がいます。どこの組織にもおられるでしょうが、役所には他の組織よりそうした人の割合が多いかもしれません。課長級にもそれなりの割合で存在するでしょう。

課長になる、ということは、それなりの年齢になっているはずですから、今から考え方を変えてもらうのはかなり難しいと思います。そこで、「心配しなくても大丈夫ですよ」ということを伝える作戦がお勧めです。

新しいことをしたくない、という人は、責任を取りたくない、という気持ちが強いのでしょうから、そうはなりませんよ、ということを伝えてあげるのです。場合によっては、「これをしないと逆に責任を問われますよ」的なことをにおわせることも効果的でしょう。

内と外の
顔が違い過ぎる
課長

A 正義のヒーローは、「弱きを助け強きを挫く」ものですが、残念ながら職場の中には真逆の振る舞いをする人がいます。自分の部下にはやたらと厳しく接するのに、他部の部長や課長には妙に下手に出るタイプです。結果、内部と外部で、評価が180度違うということになります。本人が意識的にそうしているのかどうかはわかりませんが、正直、部下としてはかないません。

直接訴えてもいいですが、聞く耳を持ってもらえる確率は低そうです。この場合、何かの機会を捉えて部長に伝え、そこから指導してもらうのが早道でしょう。感情論としてではなく、事実をベースにきちんと伝えれば動いてもらえるはずです。部長が課長と同じタイプの人だった場合は、目も当てられませんが……。

あんな人
こんな人への
傾向と対策

Q

ど〜〜したら
いいの？

**課内での業務の
押し付け合い**

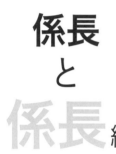

係長
と
係長編

A 課で新しい仕事を担うことになった場合、どの係が担当するかでもめることがあります。「うちが、うちが」となるのならいいのですが、ほとんどのケースで「うちじゃない、うちじゃない」の押し付け合いになるでしょう。同じ課の仲間同士でいざこざになるのは避けたいところですが、係長の後ろにはそれぞれの部下がいますので、簡単には引けない面もあります。

こうしたことが起きてしまったら、あまり議論を戦わせても禍根が残るだけではないでしょうか。ひととおり意見を言い合ったら、課長に差配を任せてしまったほうがいいと思います。決まったら恨みっこなしとしっかり約束して。

**課長と仲が悪い
同僚係長**

**縄張り意識の強い
他部署の係長**

A　人間、誰にでも好き嫌いはあります。その感情を仕事に持ち込んでしまっては職業人としては失格ですが、そうとわかっていてもなかなか抑えることは難しいものでしょう。

　係長のうち誰か一人でも課長と仲が悪かったりすると、課の空気は微妙なものになります。周りも気を遣わざるを得なくなるので、いつでも緊張感が流れてしまいます。なんとかしたいところです。

　たいていの好き嫌いはお互いを知らないことから生じますので、二人がじっくり話せるよう間を取りもちたいものです。さりげなく両者をほめたりもして。それでもどうにもならない場合も、どちらかの味方をするのは避けたほうがいいと思います。派閥抗争のようになったら最悪ですから。

A　ここからはうちの仕事、と妙に縄張り意識が強い係長がいます。この仕事はうちではないから絶対に受けない、と頑なだったりもして。役割領分はしっかりこなす、という意味では責任感が強いと言えなくもありませんが、融通が利かないのは困りものです。

　こうした係長とは、1対1で話してもなかなかからちがあきません。理屈ではなく、駄目なものは駄目、の一点張りになりがちですから。そこで、他の所属の協力が得られそうな場合、調整会議的な場を持ち、会議体としての結論を出し、それに従ってもらう方法があります。その気配を察知して、会議への出席を嫌がる可能性もありますが、欠席なら出席者だけで決めてしまうと告げれば、さすがに出てくれるでしょう。

第 2 部

係長が
知っておくべきこと

01

係長の役割と責任を知る

　まず知るべきは、それぞれの所属での係長としての役割と責任です。一般的な係長の役割や責任はどこの所属でも共通であり、プロローグや第1部でも書いたとおりですが、実際の業務では、プラスアルファが求められます。

　ある所属では、長時間の時間外勤務が常態化していて、それをなんとかするのが最優先課題ということがあるでしょう。大きなイベントが予定されていて、それを成功に導くのが使命、ということもありそうです。自分の役割は何なのか、果たすべき責任にはどのようなものがあるのか、しっかり理解しておく必要があります。また、同じ係でも、去年と今年で求められる業務が変わってく

▶ 自分の部署の最重要課題は?

▶ 係長としての自分に求められていることは?

る可能性があるため、臨機応変な対応が求められます。

　一方で、ひとりよがりにならないようにも戒めたいところです。自分ではよかれと思ってやったことが、本来果たすべきこととかけ離れていては、せっかくのがんばりが水の泡になってしまいます。

　大切なのは、課長との意思疎通です。しっかり話し合い、係長としてやるべきことや期待されている内容を共有しましょう。折に触れてミーティングを行い、方向性がずれていないか互いに確認し合います。課長・係長と担当職員の意識が揃ったとき、足し算が掛け算になるような大きな力が発揮されるはずです。

02

組織が動く
仕組みを知る

　一担当者であるうちは、目の前の業務を期限内にこなすことで精いっぱいかもしれません。「やるべき」「やりたい」と思う業務に全力で向かうことが、担当者の役割であり、期待されている働き方であるとも言えます。しかし係長となると、少し姿勢を変える必要があります。

　そもそも、やりたいと思っても、組織的なGOサインが出ない限り動けません。どんな手続を経れば組織的に実施できるのか、そのためにはどうすればいいのか、そうしたことを知っておかなければなりません。

　予算化が必要だとすれば、どうすれば予算を獲得できるのか、例規の整備が必要だとすればどのような調整が求められるのか、人員が必要だとすればどうすれば確保

できるのか、それらについてスケジュール感を含めて押さえておきましょう。

　仕事の進め方についても、より効率的な方法を常に探さなければなりません。間違ったやり方をしていては、がむしゃらにがんばっても効果は見込めません。部下の仕事の進め方を把握し、組織としてうまく回っていくように差配するのが係長の仕事です。

　誰に話を通しておけば仕事が進みやすくなるのか、どの手続を欠くとややこしくなってしまうのか、といった、どこにも書かれていないような情報も握っておきたいところです。「できる」と周囲からの評価の高い人の仕事を見て、参考にできる点をしっかり取り入れましょう。

03

役所（首長）の
方針を知る

　仕事を進めていくうえで、自治体としての大きな方針を知っておくことは必須です。また、自治体の方針には首長の意向が大きく反映されているはずですから、どちらもしっかり押さえておかなければなりません。

　自治体の方針は、総合計画に書き込まれているというのが建前ですが、総合計画はその性格上、総花的にならざるを得ない面があります。そのため、特にここに力を入れるという重点ポイントが見えにくいきらいがあります。そこで注目しておくべきなのが、首長の発する言葉です。

　具体的には、第1回定例会における施政方針をチェックしましょう。こちらも新年度予算の説明をする位置付けから、総合計画と同様に総花的な話になる傾向はあり

▶ 自分の自治体の施政方針をチェックしてみよう

- -

▶ 首長メッセージ

- -

ますが、首長自らの言葉で発信されますので、力を入れる分野には思いが込められているはずです。文字で読むだけでなく議会での演説を聞けば、よりニュアンスが伝わると思います。

　そのほかにも、首長による年頭のあいさつや、幹部会議などでの言葉にもヒントがあります。首長がよく使うフレーズや、強調している考え方などもしっかり押さえましょう。

　「忖度」と聞くと、近頃は悪い意味で使われるケースが多いようです。しかし、首長の思いを推し量り、それを実現する方向で仕事をするのはむしろあるべき姿だと思います。もちろん、思考停止になってはいけませんが。

04

予算を知る

　財政課の予算編成に納得できない気持ちを持っている人は少なくないと思います。「どうしてこの要求に予算を付けてくれないのか」「どうしてよその課のあんな事業に予算が付くのか」などなど……。

　しかし、財政課からしてみれば「ない袖は振れない」でしょうし、予算化されている事業は、組織としてやっていくと決まったものに対し適切に判断した結果だ、ということになるでしょう。

　立場も違いますし、持っている情報の量や内容も違いますので、財政課と予算要求課の思いが重なることはないかもしれません。ただし、要求課側がしっかりした根拠を持って伝えれば、議論が噛み合ってくるはずです。

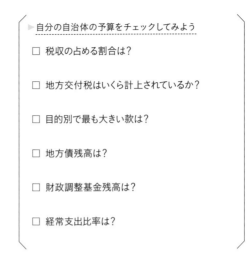

▶ 自分の自治体の予算をチェックしてみよう

□ 税収の占める割合は?

□ 地方交付税はいくら計上されているか?

□ 目的別で最も大きい款は?

□ 地方債残高は?

□ 財政調整基金残高は?

□ 経常支出比率は?

まずは、自身の自治体の予算を知ることから始めましょう。

　歳入では、税収は増えているのか減っているのか、歳入に占める割合はどのくらいか、地方交付税への依存はどの程度か、といった基本的な点を確認しましょう。

　歳出では、民生費や教育費といった目的別に見て、どの款の割合が多いのか、増減はどうなのか、を押さえます。

　決算状況からは、借金である地方債残高と貯金である財政調整基金残高、主要指標として経常収支比率を確認しましょう。近隣の同規模自治体と比較すると、自身の自治体の財政状況がよりはっきり見えてきます。

05

議会運営を
頭に置く

　係長になって大きく変わることの1つが、仕事における議会対応の比重が増すことでしょう。担当だったころは、議会をほとんど意識していなかったという人もいると思いますが、係長となるとそうはいきません。新しい取組を始めたいならそれが議会に受け入れられるかどうか、難しそうなら受け入れてもらうためにはどうしたらいいか、それぞれ考えなければならないのです。

　一般質問への対応も係長が担うケースが多いと思います。課長と役割分担をしながら、議員が聞こうとしていることをしっかり理解し、答弁案を作っていきましょう。聞かれたことに答える、という基本を押さえつつ、場合によっては役所の立場もきちんと主張するべきだと思い

ます。

　また、業務の日程調整にも議会が影響してきます。

　多くの自治体で、3月・6月・9月・12月の年4回、定例会があると思います。幹部職員は、この期間中、議会対応に追われますので、会議もなかなか開けなくなります。こうしたことをあらかじめ織り込んでスケジュールを組む必要があるのです。

　何かというと議会を意識しなければならないことを、窮屈に感じる人もいると思います。しかし、自治体の仕組みの中で、議会の役割は非常に大きいものがあります。しっかり向き合いましょう。

06

人事制度を
押さえる

　役所でも民間企業でも、人事はままならないものです。
「もっと人を増やしてほしい」「こんな人材がほしい」など
いろいろな願いがあると思いますが、それが叶うことは
あまりないでしょう。

　それでも、人事に係る仕組みを理解しておくことは、
仕事を円滑に進める意味でも、部下を守るという意味で
も大切だと思います。関心が向きにくいかもしれません
が、仕事するうえで人事は肝になります。

　まずは、課や係の人数の決まり方を知りましょう。自
治体の規模や考え方によって、企画部門が決めていたり、
人事部門が決めていたりすると思います。どのような手
続を経れば人を増やしてもらえるのか、しっかり把握し

▶ 定数が決定される流れは？

ておきましょう。与えられた人員でこなす、というのは
カッコよく見えますが、人数がいなければできない仕事
もあります。求めるべきは求め、適切なメンバーで業務
に臨めるようベストを尽くしましょう。

　時間外勤務の仕組みも理解しておく必要があります。
土、日曜日や祝日に出勤した場合の取り扱い、振替えの
考え方など、きちんとわかったうえで部下に仕事を割り
振るべきです。

　各種休暇制度の理解も欠かせません。自分のためとい
うより、部下のためです。それぞれの家庭環境や体調な
どに合わせて、使える休暇を知っておきましょう。

07

例規を
使いこなす

　役所が行うことにはどこかに根拠があるはずです。そ
れが法律なのか、条例なのか、規則なのか、要綱なのか、
そしてどんな内容なのか、しっかり知っておく必要があ
ります。当たり前に行っていることでも、その根拠法令
を押さえておくとともに、どのような経緯で今の形に
なったのかも知っておきましょう。

　条例等を根拠にしている業務を見直すときには、例規
の改正が必要になります。例規を改正するためには、ど
のタイミングでどのような手続を経る必要があるのか、
あらかじめ理解しておかなければなりません。例規にか
かる事務に苦手意識を持つ人もいると思いますが、役所
で働く以上、避けては通れない道です。

▶ 自分の自治体の例規の改正の手続は？

▶ 所管している例規は？

　かつては、各課に加除式の分厚い例規集が配布されていましたが、今はパソコンでも見られるはずです。紙の時代は、何巻のどのあたりにどんな内容が書かれているかを知っておくことが大切でしたが、今は検索をかければあっという間に見つかります。関連条文をコピー＆ペーストするのも簡単ですから、自分だけの関連法令集を作り、いつでも見られるようにしておくといいでしょう。

　例規を味方につけられれば、仕事の幅がグッと広がります。逆に例規について素人のままでは、仕事の範囲が限られてしまいかねません。まずは、面倒がらずに仕事の根拠となっている各種の法令等をじっくり読み込むことから始めましょう。

08

危機管理（BCP）を
意識する

　私が役所に入った数十年前は、防犯や防災を直接担当
する所管以外にとって、危機管理は縁遠いものでした。
しかし、今は違います。阪神・淡路大震災や東日本大震災
をはじめとした数々の震災、毎年のように起きる大雨被
害、そして 2020 年からのコロナ禍。自治体にとって、危
機管理はごく身近なものになりました。特定の部署だけ
で済まされるものではなくなっています。

　各所属は、BCP の作成が求められているでしょう。
BCP とは、事業継続計画（Business Continuity Plan）
の頭文字を取った言葉であり、自然災害や疫病、テロなど
の危機的状況下でも、中核となる業務は継続し、役割を果
たし続けられるようにしておくための戦略を記述した計

▶ 絶対に止められない業務は？

▶ 絶対に止めないための仕組みは？

画書です。コロナ禍における緊急事態宣言で、ぐっと自分ごとになったのではないでしょうか。

　どの仕事も大切だと思いますが、危機的な状況においても、決して止めることができない事項は限られてくるはずです。まずは、それをしっかり見極める必要があります。そしてその業務を見極めたら、それを絶対に止めない仕組みを考えなければなりません。

　危機的状況では、いつもの当たり前が全く機能しない可能性があります。システムが使えないかもしれませんし、人員も足りないかもしれません。それでも事業を止めない方法を考えておく必要があります。危機になってから考えるのではなく、事前の準備が求められます。

09

地方自治法を
理解する

　自治体で仕事をする以上、地方自治法の理解は必須です。忘れてはならない基本的な決まりごとがほとんど盛り込まれていると言っていいでしょう。

　ただ、普段の業務で使うのは、それぞれの所属の業務に特化した法令が中心となると思います。まちづくり関係であれば都市計画法を、福祉部門は福祉関係の法令を手元に置いて仕事をしていることでしょう。担当者は、そうした法令を細かく読み込み、それをきちんと運用することに専念します。

　地方自治法の出番となるのは、日々行っている業務から少し踏み込んだ場合でしょう。たとえば、随意契約により契約を行うためにはどんな要件があるのか、事業が年度内

に終わらず予算を繰り越したいがどうすればいいのか、どのような場合に議会の議決が必要なのか、などです。

　地方自治法を知らずに仕事をしていると、本来踏むべき手順を飛ばしていたり、適法性を欠く手続となっていたりすることがあり得ます。係長は、そうした事態にならないように気を配らなければなりません。

　心がけるべきは、折に触れて地方自治法に当たる癖をつけることだと思います。法令はインターネットでも見られますし、実物は重いうえにかさばりますが、あえて手元に実物の六法を置くことをお勧めします。ことあるごとにページを開いていれば、徐々に地方自治法が自分のものになってくるはずです。

10

地方分権を
知る

　政治家もコメンテーターもマスコミも、皆さん揃って
「地方が大切」と言います。しかし、本気で地方分権を進
めようという機運は、残念ながら一時と比べるとすっか
りしぼんでしまった感があります。

　1つのピークだったのは、地方分権一括法が施行され
た2000年頃でしょう。中央集権制度を採用した明治維
新以来の大改革と意気込んでいた関係者もいたほどです。
具体的な成果としては、機関委任事務が廃止されたほか、
国と地方公共団体が対等な関係とされました。

　しかし、この一括法をもって国と地方の関係が大幅に
変化したと感じている人はほとんどいないでしょう。む
しろ、ほとんど何も変わっていないと感じる人のほうが

▶ 所管している法定受託事務は?
....

▶ 国に意見を求める機会は?
....

多いくらいかもしれません。

　そもそも地方分権改革は、中央集権制度の行き詰まり
を背景に、自治体の自主的・自律的な活動による個性豊
かな地域社会の実現を目指すものでした。身近な行政は
できる限り自治体が担うという基本理念であるはずが、
近年は国が枠をはめて日本中で同じ事業をやらせること
が増えているように感じます。

　自治体職員は、安心して任せてもらえるよう政策形成
能力を向上させるとともに、国に自治体からの主張を伝
えるために、発信力を高めていく必要があります。地方
分権が進まずに不利益を被っているのは、役所ではなく
住民であるはずですから。

11

働き方改革を押さえる

働き方改革の時代です。

「働き方改革」とは、働く人が個々の事情に応じた多様な働き方を選択できる社会の実現を目指すものです。かつては役所でもモーレツな働き方をよしとした時代があったかもしれませんが、もうそういう時代ではありません。2020年からのコロナ禍で、この流れに一層拍車がかかったと言えるでしょう。

「個々の事情」には、出産・育児、介護といった家庭環境や、持病の有無といった健康状態など様々なものがあります。すべての部下の詳細な状況を逐一把握するのは実際には難しいかもしれませんが、個別のミーティングなどを通じてできる限り共有するようにするとともに、

▶ 改善を検討したい業務は何か?

相談しやすい環境を作りましょう。場合によっては、係長の側からこれまでとは違う働き方を提案する必要が出てくるかもしれません。

　また、コロナ禍において、テレワークや脱ハンコといった動きが注目されました。これまで当たり前とされてきた仕事の進め方を見直すことで、効率のアップも図れるのではないでしょうか。

　役所では、どうしても前例踏襲で仕事を進めてしまいがちです。そうしておけば間違いは少ないでしょうし、責任問題も生じないでしょう。しかし、それでは前に進みません。働き方改革は絶好のチャンスです。この流れに乗って、いろいろな業務改善を進めましょう。

12

文書作成の
注意点を知る

　役所の文書は、業務を進める基本であるだけでなく、住民共有の財産であり、歴史的な資料ともなります。さらに、公開が前提であること、的確性が問われるものであること、という要素もあります。民間企業におけるビジネス文書とは位置づけや役割が異なる面があるのです。

　日常の業務では、担当が文書を作り、課長がそれを決裁する役目となる場面が多いと思います。係長は、業務を進めるにふさわしい文書を作るよう指導するとともに、公開や保存を念頭に置いた文書管理に責任を負うことになります。

　公文書は公開されるものであり、第三者が読んだとき疑念を生じさせるようなものはふさわしくありません。

きちんと根拠を示しながら、誰が読んでも納得できるような内容を書く必要があります。また、次年度以降の担当者が読んだときに、仕事のよりどころとして使えるような文書にしておきたいところです。事情を知らない人が読んだらチンプンカンプンでは、よりどころとしての役割を果たせません。

　10年後、20年後の住民が、今作っている文書を読み返すかもしれません。後世の人が読んだとき、文書の意義が把握でき、的確でわかりやすいと思ってもらえるよう、しっかりしたものを残していきましょう。その意識で作ると、自然に文書の質が向上していくと思います。

13

地方財政制度の概要を理解する

　「自治体の財政制度はわかりにくい」という声を聞きます。しかし、当事者である自治体職員が「難しい」で済ますわけにはいきません。住民や事業者から地方財政について聞かれたとき、係長の立場にある人間が基本的な内容にさえ答えられなかったら、職員全体のレベルが低く見られてしまいかねません。詳細までは無理かもしれませんが、概要はしっかり押さえておきましょう。

　まず知っておきたいのが地方交付税制度です。基準財政収入額と基準財政需要額の考え方、自分の自治体の財政力指数などを理解しておきましょう。また、どんな自治体の財政力が高く、どんな自治体の需要額が多く見積もられるのかも要チェック事項です。行革をがんばれば

▶ 地方交付税制度を調べてみて…

▶ 地方債残高の推移は？

がんばるほど交付額が減らされる、といった交付税に関する誤解も解いておきたいものです。

　起債の仕組みについても概要を知っておきましょう。役所がする借金について、すべて悪いことのように捉えている人がいますので、仕組みを理解するとともに、自分の自治体の借り入れ額が多いのか少ないのか知っておく必要があります。注目度の高いふるさと納税制度についても調べておきましょう。制度の概要やこれまでの変遷とともに、交付税との関係もポイントです。

　係長が財政と無関係でいるわけにはいきません。地方財政についての本に目を通し、理解を深めておきたいところです。

14

ほめ方、しかり方の基本を知る

　人とどう接するか、部下をどう育てるか。これは永遠の課題です。数多くの本が出版されていますし、インターネットにもいろいろなアドバイスが書かれていますが、こうすれば間違いないという定式はないでしょう。人によりますし、状況にも左右されます。

　ただし、基本的なポイントは押さえておきましょう。あまり計算高く接するのは逆効果だと思いますが、何も考えずに、その場の感情だけでほめたりしかったりしていては、部下は混乱するばかりです。

　しかり方の基本は、感情だけでしからない、人のいる前でしからない、人格ではなく行動や事実に焦点を当てる、などです。誰だって人をしかりたくはないでしょう

▶ ほめ方、私の気づき

▶ しかり方、私の気づき

　が、それでもしかるのは、よりよい未来を期待している
からです。しかるときこそ、相手の立場に立って、どう
すれば伝わるのかしっかり考えるべきだと思います。
　また、ほめるのが苦手な人も少なくないでしょう。な
んとなく気恥ずかしいものですし、お互い仕事でやって
いるのだし、感謝の気持ちは自然と伝わっているはずだ
と思ってしまいがちです。しかし、しっかり口にしない
とわからないものです。いいなと感じたら、ちゃんとほ
めることが大切です。ほめ言葉は又聞きで伝えられると
一層うれしい、とも言いますので、直接言わずに伝えて
くれそうな誰かに言う手もあります。

15

議員と
どう関わるか

　議員との関わり方は、難しい問題です。おそらく、いろいろな考え方があるでしょう。

　議員も役所の職員も、地域を少しでもよくしたいという思いは一緒のはずです。その意味では、同志と言っていいと思います。そうであれば、普段から情報交換を密にし、議論によって政策を高め、一枚岩で進めていきたいものです。

　ただし、実際にそのような形で仕事ができている自治体はあまりないでしょう。それは、議員の役割の1つとして、行政を監視する面があるからかもしれません。監視をする立場とされる立場が近くにいると、不都合な面が出てくることもありそうです。

▶ 所管業務について一般質問した議員は？

その内容は？

　また、特定の議員だけに情報が流れるようなことが
あってはならないのも当然のことです。意見交換をする
際にも、要望する場とはしないなど、線引きをしっかり
しておく必要があります。さらに、親しくなりすぎてし
まうと、議員から何かを求められた際に、断りにくくな
る可能性もあります。議員との間には、ある種の緊張感
が保たれていなければならないのです。

　こうしていろいろ検討すると、議員とは距離を取るべ
きとの結論に行き着きそうですが、そう割り切ってしま
うのもなんだかもったいない気がします。議場ではガチ
で、議場外では地域をよりよくするために情報交換と議
論を、といった関係でありたいものです。

16

民間事業者と
どう関わるか

　多くの役所において、新入職員研修のメニューの1つ
として、民間事業者とのつき合い方に関する注意点を伝
えているのではないでしょうか。そこで教えられるのは、
民間事業者とは距離を取るべき、何かを受け取ったりお
ごってもらったりすることは小さなものでも避けるべき、
接する際には隙を見せてはならない、といった内容だろ
うと思います。

　各地でいろいろな不祥事が起きていますので、人事部
門が注意を促すのはよくわかりますが、とにかく民間事
業者には気を付けなければ、と刷り込みされてしまうの
もちょっと残念な気がします。

　役所に出入りする民間事業者は、何らかのビジネスの

機会をうかがっています。質の悪いものに税金を使うわけにはいきませんから慎重に吟味する必要はありますが、かといって全く話を聞かないというのも違う気がします。民間事業者は、独自の技術やノウハウを活用して、役所が抱える課題を解決する提案を持ってきます。いいものは積極的に取り入れましょう。

　また、地域の民間事業者とは、いろいろな情報交換ができる関係を保ちたいものです。守秘義務は当然ありますし、特定の事業者だけに情報を流すのも全く適切ではありませんが、意見を聞けるチャンネルは持っておきたいところです。きちんした事業者となら節度を持った関係が築けるはずです。

17

部下の
ストレス要因を知る

　社会で生活している以上、ストレスを完全になくすのは不可能でしょう。職場でなくても、学校でも地域でも、場合によっては家庭でも、ストレスから逃れることはできません。それに、ストレスが全くない状態が望ましいかと言うとそうでもないと思います。ある程度の重圧のようなものを受けながらでないと、いい仕事はできないという面もあるでしょう。

　しかし、業務に悪影響が出てしまうようなストレス要因があるとしたら、それはなんとかしなければなりません。自分自身のことはもちろんですが、係長になれば部下のストレスについても目を配る必要があります。人の心の中を覗くことはできませんが、できる限りのことは

> ▶ 部下のストレスチェック
> -------------------------------
> ☐ みだしなみに乱れが生じていないか
> ☐ ミスが増えていないか
> ☐ 集中できているか
> ☐ 笑顔がなくなっていないか

したいものです。

　まず、相談のハードルを下げましょう。定期的な面談の機会だけではなく、いつでも相談できるようにしておくことが大切です。ざっくばらんな会話の中に、伝えそびれていたストレス要因が顔を出すかもしれません。

　また、部下が出すサインを見逃さないように気を付けましょう。服装や机の乱れは、ストレスを抱えていることの典型的なサインとされます。ボーッとしている、ため息をついている、笑顔がなくなったといった変化にも注意したいところです。全職員に四六時中細かく注意を払うのは難しいので、他の職員からも気兼ねなく情報提供してもらえる雰囲気作りを心がけましょう。

18

上司の
動かし方を知る

　"上司の動かし方"と書きましたが、通常は、上司の指示に従って部下が動く、ということになると思います。組織上も、部下が命じて上司を動かすということはありえないでしょう。

　しかし、仕事を円滑に進めるためには、上司に動いてもらう必要がある場面も少なくないと思います。上司があらかじめ察して調整に動いてくれればありがたいのですが、必ずしもそうした上司ばかりとは限りません。命令ではない方法で上司を動かす術を、あらかじめ知っておいたほうがいいでしょう。

　思ったように動いてくれない、管理職としての責任を果たしてくれないといった上司には、職務にあった仕事

▶ 課長にお願いしたいこと
....

をしてもらうように仕向ける必要があります。「課長には
困ったものだ」と嘆いているだけでは事態は解決しませ
ん。たとえば、あらかじめ十分に情報を提供しておき、
このケースでは課長間でこういう調整をしてもらいたい、
といったことを伝えておきましょう。抜けや漏れがない
ように、なるべく具体的に示すことがポイントです。

　上司は、意思決定し、責任を果たす役割を担いますが、
だからといって尻ぬぐいのようなことばかり依頼してい
ては、信頼されなくなります。いわゆる"おいしい場面"
を用意することも、ときには必要でしょう。「課長のおか
げでなんとかまとまりました」という状況が作れれば、
次回以降につながってくる可能性も高まります。

あんな人 こんな人への 傾向と対策

係長 と 部下 編

ど〜〜したら いいの？

経験豊富な ベテラン部下との コミュニケーション

A　部下にはいろいろなタイプがいます。老若男女、仕事ができる人・そうでもない人、活発な人・控えめな人などなど、本当にそれぞれです。

　なかでも気を遣うのは、ベテランの部下です。仕事の進め方に自信を持っていて、プライドも高いので、人から意見されるのを嫌う傾向があります。係内での影響力も強いので、同じ方向を向いて仕事を進めたいところです。

　まずは、じっくり話を聞きましょう。これまでどんな取組をしてきて、どんな思いがあるのか、聞き出しましょう。自分を尊重してくれる人に、人は弱いものです。味方になってくれたら、こんなに心強いことはありません。ただし、方向性が違うと思ったらしっかり指摘しなければなりません。ベテランだから、と特別扱いすると、不信感を持たれてしまいます。

ど～～したら
いいの？

仕事熱心だが
ミスが多い部下

A 仕事への姿勢が熱心であるに越したことはありません。すばらしいことです。ただ、熱心ということは仕事の範囲が広がり、関わりも深まるでしょうから、そこでミスが多いとなると影響が大きくなってしまいます。係長としては見過ごせません。

こうした場合、まずは、本人に自覚してもらうことが大切です。がんばっているのだからミスは大目に見てもらいたい、などと思っているようでは、改善は見込めません。また、ミスをミスと思っていない可能性もあります。

がんばっている部下をたしなめるのは、やる気をそぐようで気が進まないかもしれませんが、取り返しのつかないミスが起きる前に、しっかり注意することが必要です。それで腐るようでは、本当の意味で仕事熱心だったとも言えないでしょう。

ど～～したら
いいの？

自己主張が強い
部下

A 「最近の若い子は優秀だが、自分から動くことがない」と嘆く言葉をよく聞きます。そんななか、自己主張が強い、というのは貴重な存在です。ああするべき、こうするべき、と提案をどんどん出してきて、さらにあの人のあのやり方はまずい、という指摘までしてきます。成果が出たとき、自分の手柄としがちな傾向もあるでしょうか。

そうした部下は、係長にとって頼もしい面がある一方、チームの和を乱す恐れもありますので、普段から気を配るよう心がけましょう。

思い切って、大きな仕事を任せてしまう、という手もあります。そうすると、一人でできることの限界がわかり、支えてもらっていることへの感謝の気持ちが芽生えるかもしれません。ただし、暴走しがちなのでフォローは忘れずに。

Column 4

あんな人 こんな人への 傾向と対策

係長
と
議会・住民・マスコミ
編

Q

議員に 会食(飲み)に 誘われたら

A 身もふたもない言い方をしてしまえば、行きたければ行けばいい、ということになると思います。もちろん、役所内の取り決めで、議員と個人的な会食をしてはいけないと決まっていれば別です。

　行きたければ行けばいい、の真意は「この議員と話すと勉強になりそうだ」「楽しい席になりそうだ」などと思えるかどうかということです。天下国家を語り合うのもいいのではないでしょうか。

　逆に、得るものがなさそうだったり、楽しい場になる気配がなかったりしたら、丁重にお断りしましょう。もちろん、断る理由には気を付けて。

　飲み会の場では、公開されていない情報について口外してはならないのは言うまでもありません。リップサービスしたくなるかもしれませんが、それも厳禁です。

ど～～したら
いいの？

毎日のように
窓口に来る住民

特別なクレームや要求があるわけではないのに、毎日のように役所に来る住民がおられませんか。住民の声を聞くのも役所の職員の仕事ですので、できる限り丁寧に対応するのですが、さすがに繰り返し来られて、雑談のような話で時間を取られると閉口です。

悪意があるわけではないだけに、対応はかえって難しいのですが、部下の執務時間が削られるとなるとなんらかの対処が必要です。かといって係長が窓口に出て、そこで延々と話し込まれてもかえって組織の機能が低下してしまいます。

あまり頻繁に来られるようなら、執務に負担になっているので来庁はご遠慮いただきたい旨を伝えるべきだと思います。言い出しにくいことですが、職員を守るためでもあります。思い切って伝えましょう。

ど～～したら
いいの？

職場の不祥事の
取材

職員が不祥事を起こしてしまったときや、住民に大きな影響が出るようなミスをしてしまったとき、マスコミに公表することになります。なるべくなら穏便に済ませたいという気持ちになるのは痛いほどわかりますが、隠ぺいしようとするとそれが明るみになったとき、一層問題が大きくなってしまい、信用もがた落ちとなります。上司や広報部門と調整し、早めに対応しましょう。

記者と直接やりとりするのは課長かもしれませんが、準備を整えるのは係長の役割です。マスコミ対応にはほとんどの人が慣れていないので戸惑うでしょうが、逃げない、隠さない、が原則だと思います。ドタバタしている最中でも、誠意をもった対応を忘れないようにしましょう。

第3部

係長の心得

01

その自治体で一番 詳しい存在になる

　係は、課の下に置かれます。たとえば、産業振興課商業振興係、環境対策課騒音担当といった具合です。それぞれの係は、その分野の専門家集団と見られます。そして係長は、自分が長となった分野については、一目置かれる存在でなくてはいけません。ちょっと詳しい、というレベルではなく、その自治体で一番詳しい存在でありたいものです。役所で一番、ではありません。その自治体で一番、です。

　厳しい注文のようですが、考えてみれば当然のことです。たとえば、交通安全課交通政策担当の仕事は、その自治体にふさわしい交通政策を考え抜くことです。それを一年中、仕事としてやり続けるのですから、使ってい

▶ 知識・スキル習得のためにすべきこと

る時間はその自治体に暮らす人のなかで最も多いでしょうし、担っている責任も一番です。そう考えると、その分野に関して誰より詳しくなって当然です。

　ただし、漠然と日々を過ごしていては、なかなか知識やスキルは身に付きません。研修会に参加したり、参考書籍を読んだり、他自治体の職員と交流を図ったり、仕事のスキルを高めていくためにはいろいろなやり方があります。自分の時間を使うことも必要でしょう。楽しみながら進めていきましょう。

　「あの分野についてはあの係長の右に出るものはいない」、「あの係長に任せれば大丈夫」。そんな存在になることを目指しましょう。

02

縦横、内外に
つながりを広げる

　今の役所で、自分の係だけで完結する仕事はほとんどないと思います。いろいろな所属との連携がなければ業務は進まないでしょうし、同期入庁の仲間のほか、先輩や後輩との連携が仕事に活きてくることもあります。また、住民や企業などと協働しなければ意味がない事業も少なくないでしょう。つまり、縦に横に、内に外につながりを広げておくことが、仕事を円滑に進めるだけでなく、質を高めていくためにも重要なのです。

　役所の中でつながりを広げるためには、クラブ活動や勉強会など、いろいろなところに顔を出すようにするといいと思います。仕事を離れたところでのつながりは、有形無形に活きてきます。

　役所の外でのつながりの重要性も一層高まっています。こちらでは、より主体的に動くことが求められます。たとえば、民間団体主催の研修会や他自治体の有志による勉強会に参加し、交流を深めるといった方法があります。ちょっと大変そうですが、気負わずに出かけてみて、肌に合いそうもなければ早々に退散すればいいのです。

　近頃は、インターネット上での交流も盛んです。フェイスブックなどで、自治体職員が集まるコミュニティができていますので、そちらに参加するのも手です。

　つながりが広がると、引き出しが増え刺激ももらえますので、仕事にいい影響が出ると思います。いつもの世界から少しはみ出してみましょう。

組織力を高める
人を育てる

　どんな仕事でもそうだと思いますが、特に役所の仕事は一人ではできません。どんなにすごい係長でも、どんなに優秀な部下でも、一人でできる範囲には限界があります。全員が同じ方向を向き、一体感を持って仕事をしたいところです。

　基本的には、個々のメンバーがそれぞれ担当を持つでしょうから、各々が何をやっているのか、相互にわかるようにしておく必要があります。何か不測の事態が生じたときに、「担当が不在なのでわかりません」は通じません。普段からしっかりバックアップ体制を取り、補い合えるような仕組みを作っておきましょう。危機のときこそ、組織力が試されます。

▶ 共有しておくべき業務

　係長の仕事は、係に課された使命をきっちりやり遂げることですが、併せて職員の成長を促すことも期待されています。職員の公務員人生は、今いる係を出た後のほうが長く続く場合がほとんどでしょう。ここでの仕事を糧としてさらに大きくなってもらいたいものです。

　大切なのは、部下をしっかり見ることだと思います。うまくいったときも、壁に当たったときも、しっかり見ることが成長につながるのではないでしょうか。見てもらっているとわかれば、部下も安心します。また、じっくり話を聞く時間も取りましょう。会話の中から、部下が考えていること、部下が望んでいることが見えてくるはずです。

04

PDCAを
意識する

　自治体に行政評価の仕組みが一気に広がった時期がありました。三重県の取組を先行事例として、行政評価が、顧客主義・成果主義を行政に取り入れるNPM（New Public Management）の先兵役となっていた感があります。今では、ほとんどの自治体でなんらかの形による行政評価の仕組みが導入されていると思いますが、効果的に使われているかというとそうでもないような気がします。自らの業務を見直せる機会ですから、しっかり活用して、次につなげましょう。

　行政評価は、事業が真に必要かどうかという、そもそもの問い直しから始めます。開始した当時と社会状況が大きく変わっているのに、なんとなく続けている事業が

ないでしょうか。目的が時代と合致していないなら、事業を廃止したほうがいいかもしれません。目的を達したのなら、事業の終了を検討すべきでしょう。

　加えて、客観的な成果を検証します。目標に達したかどうか、達しなかったとしたらどうするべきだったのか、しっかり振り返りましょう。どれだけの経費を要したかというのも大事なポイントです。

　PDCAの考え方は、行政評価だけでなく普段の業務にも応用できます。チェックして、見直して、改めていく作業が当たり前のこととして定着すれば、事業は年々よくなっていくはずです。癖になるくらい、ことあるごとにPDCAしてみましょう。

05

モチベーションを高める

　誰にでも、気分の浮き沈みはあります。気分が乗る日乗らない日があるのは、人間なら避けられないことでしょう。しかし、「長」という立場になると、気分次第で仕事をするわけにはいきません。さらに、自分だけではなく周りも見渡す必要があります。係のモチベーションを上げる工夫を、常に凝らしていかなければなりません。

　まずは、チームでがんばれる雰囲気づくりを心がけましょう。自分のためだけではがんばりきれないことも、みんなのためだと思えば踏ん張りがきくものです。そのためには、なんでも言い合える関係性を作っておきたいところです。ほめ合ったり、励まし合ったりできれば、気持ちは高く保たれると思います。

▶ 今年の目標は？

　また、適切な目標設定も大切です。具体的な数字を示すのが1つのポイントですが、その先にあるものを共有できれば、思いがさらに強くなります。これが達成できたら過去最高の記録になる、これを成功させられたら大勢の人に喜んでもらえる、といった目標が心の支えになるはずです。

　モチベーションは、上げることと併せて、下げないように注意することも、同じか、若しくはそれ以上に大切です。済んだことをネチネチほじくり返したり、人によって態度が変わったりすると、部下の気持ちが萎えます。マイナスの要因を作らないということにも大きな意味があるのです。

06

マネジメントスキルを高める

　背の高さは所与のものですし、脚の速さもかなりの部分を才能が占めるでしょう。それに対してマネジメントスキルは、日々の努力で高めていける要素の強いものだと思います。リーダーシップと混同し、「自分には人を引っ張るようなカリスマ性はない」と悲観する人もいるかもしれませんが、マネジメントスキルを身に付けることは誰にでも可能です。

　係の人数は、少なければ2〜3人、多ければ10人以上と、規模はいろいろでしょう。扱っている予算額や仕事の内容も全く違うと思います。しかし、必要とされるマネジメントスキルの基本は同じです。マネジメントスキルとは一般に、ヒト・モノ・カネといった経営資源を活

用し、目標を達成する力のことと言えるでしょう。そこには、業務管理、リスク管理、人材育成などいろいろな要素が含まれています。

　マネジメント「スキル」と言われるとおり、これはある種の技術です。積み重ねられてきた理論もあります。しかし、理屈に走り過ぎてはいけないでしょう。小手先のものでは、部下に見透かされます。その一方で、成り行き任せでもうまくいきません。

　マネジメントは、日々の積み重ねです。そして、人間同士のつながりのなかで築かれていきます。どうすればマネジメントの質を高められるのか、試行錯誤して向上させていきましょう。

07

管理職になる
準備をする

　管理職試験を受ける人が減ってきているという話を聞きます。ずっと現場の第一線にいたい、管理職になるとやりたいことができなくなるから嫌だ、という考えもあるでしょう。

　気持ちはわかりますが、管理する立場にならなければできないこともありますし、誰かが上に立って現場を指揮しなければなりません。組織の方向性がおかしいと思っても、管理する立場にいなければそれを正すことは難しいでしょう。

　管理職になるとどうなるでしょう？

　一番に思いつくのが、「責任が重くなる」ことだと思います。課を背負う形になりますし、議会や住民説明など

で矢面に立つのも課長でしょう。決裁権も大幅に増えますから、印象どおり、責任が重くなる面はあります。

　しかし言い換えると、自分の裁量でできる仕事が増えることでもあります。これまでやりたくてもできなかったことも、管理職になればかなえられる可能性があるのです。

　管理職になる前にしておくべきは、心の備えです。自分はどんな管理職になりたいのか、自分が管理職になったらどんなことをしたいのか、頭の中でシミュレーションしてみましょう。日々の仕事の中で「自分ならこうする」と考えていると、だんだん像が結ばれてきます。

08

自己を高める

　係長たるもの、信頼される存在でありたいものです。部下からはもちろんですが、上司からも、「あの人なら大丈夫」と安心して仕事を任せてもらいたいところです。

　そのために、まずは業務に関する知識を深めましょう。他部署からの異動で、いきなり係長に就いた場合、知識で部下に劣るのはやむを得ません。みんなが見ているのは、新任係長の姿勢です。知ったかぶりをせず、謙虚に学んでいきましょう。謙虚さは周りの人の信頼を勝ち得るための大きな要素になります。

　ただし、いつまでも、「異動してきたばかりなので」と言い訳をしてはいられません。係長である以上、猶予期間はそれほど長くないのです。

いわゆる一般教養も磨きたいものです。国内外の政治
経済状況について、一通り語れるような知識は常に蓄え
ておくべきだと思います。判断をするときに役立ちます
し、発言の重みも違ってきます。

一方で、部下が求めているのは、知識はあるけれど行
動は伴わないという、頭でっかちのリーダーではありま
せん。リーダーとしてどうあるべきか、そのためにはど
のようなことに心がけるべきかについてしっかり身に付
けていきたいところです。

大切なのは、自分を高めていこうとする意識です。そ
れを持ち続けていれば、少しずつでも前に進み、周りも
認めてくれるものではないでしょうか。

09

去年を超える

　1つの役所に、同じ仕事をしている係が2つあることはないと思います。また、民間企業に見られる営業第1係、営業第2係といった組織形態もあまりないでしょう。

　つまり、身近には競い合う相手がいない、ということになります。その仕事はその係だけでしかやっていないという状況になりますから、うまくいかないことがあっても、内輪の論理で「まあ、仕方がない」と許されるかもしれません。もちろん、近隣自治体と比較されるケースはあるでしょうが、人口や歴史的背景など、とりまく条件が大きく違うことが多いので、競争相手としての意識は薄いでしょう。

　我々が競うべきは、去年の実績ということになると思

▶ 超えるべき去年の実績は？

います。どんな仕事でも、少しずつよくなって当然ですから、去年の結果に負けるわけにはいきません。まずは数字で去年を超えることを目指しましょう。

　ベテラン職員が異動してしまい、係長としては「去年より戦力がダウンしている」と言いたくなるときもあるかもしれません。それでも、去年と比べてクオリティが下がるというのは、本来あってはならないことです。また、"去年並み"では進歩がなかったことになり、競争の点では負けということになります。引き分けは負けなのです。

　去年の実績を超えるのは当然と考えるべきです。クリアすべき必達目標と肝に命じましょう。

10

課長への報告、部下への通訳

　役職が上がれば上がるほど、責任が重くなる一方で、現場からは離れていきます。部長も課長も、まさに今何が問題なのか、指示した内容がつつがなく進んでいるのか、といった情報を求めています。係長にはそれに応える必要があります。

　部下から業務に関する相談事などが持ち込まれたときは、まずその重要度を判断します。そして、係長止まりで判断して問題のないものと、課長以上に報告・相談すべきものに仕分けをします。

　通常の案件であれば、いろいろな情報をまとめてから報告すべきですが、重大案件については何はともあれ第一報を入れましょう。初動の遅れが後々まで悪い影響を

及ぼす場合もありますので、スピード感を持つことを心がけなければなりません。悪いニュースであるほどすぐに報告するのが鉄則です。

　上に報告することと併せて、係長には、課長からの指示を部下に伝える役割があります。課長の言葉をそのまま伝えるべきときもあれば、係内の状況に合わせて翻訳して伝えるべきときもあると思います。いずれの場合も、早く、わかりやすく、簡潔に伝えましょう。

　部下に指示を伝えるときに、自分の意見を加えることも大切ですが、指示の内容を否定してはいけません。指示に異論があるなら、指示を受けたときにしっかり上司と議論をしておくべきです。

11

意味のある
会議をする

　会議が嫌いな人は少なくないでしょう。「どうせ何も決まらない」、「建設的な議論はほとんど行われず時間の無駄」というところでしょうか。しかし、役所で仕事をする以上、会議を行わないのは現実的ではありません。であれば、会議自体を変えていきましょう。その先頭に立つのは、現場のリーダーである係長です。

　では、どのように変えればいいのでしょう。

　会議の改善というと、時間を短くすべきとの意見が多く見られます。しかし、会議を開くということは、何か集まって話さなければならないことがあるからでしょう。会議時間の長短を目的にするのは本筋からずれた話であり、時間が短くても結論が的外れでは何の意味もありま

せん。

　参加者を絞る、事前に資料を配布するといった工夫も
よく聞きますが、これらはあくまでも個々の手段です。

　会議を変えていくには、個々の目的に合わせ、どんな
やり方にすべきなのか、それをしっかり考える必要が
あります。情報共有が目的なら人数を絞ることもないで
しょう。役所の方向性を決めるような重大事を議論する
なら、時間を区切っている場合ではありません。

　「意味のある会議」とはどんな会議なのか、「意味のある
会議」にするためにはどうしたらいいのか、それをしっ
かり考えることが会議を変える第一歩だと思います。仕
切り役になることが多い係長から、それを始めましょう。

12

コンプライアンスを
常に念頭に置く

コンプライアンスと聞くと、「法令を遵守すること」と
置き換えてしまうかもしれません。しかし、それだけで
は十分ではありません。本来は、倫理観や道徳観、規範
意識といった、より広い範囲を含む概念として捉えるべ
きとされています。仕事をするうえでは、常に、倫理的
にどうなのか、道徳的に誇れることなのか、社会通念上
理解が得られることなのか、といった観点を持っておく
必要があるのです。

法令遵守については、「そんなことは起こるはずがな
い」と思い込まず、折に触れて注意を促しましょう。飲
酒運転や業務上の横領といった不法行為を、自治体の職
員が繰り返し起こしているのが実態です。お金を扱う場

合は、複数の人間がチェックをする仕組みを必ず作りましょう。不正を起こさせない仕組みづくりは、部下を守ることにもつながります。

　公表すべき情報を公表しなかったことも、コンプライアンス的に問題ありとされる可能性があります。住民に不利益が生じる可能性があるものについては、きちんと上司に報告し、うやむやにしないようにしましょう。

　もし迷ったら、自分の次に係長になる人間に見られても恥ずかしくないか、胸を張って説明できるかを考えてみるのも１つの方法だと思います。その場しのぎをしようとすると深い傷になりがちですから、気を付けましょう。

13

社会情勢に
気を配る

　基本的に役所の仕事は、民間企業と比べると大きな変化をしません。2020年からのコロナ禍のようなときには業務全体の見直しが求められることもありますが、それでも、おしなべて見れば変化は小さいと言えるでしょう。

　役所の仕事には、法令等に基づいて行う、全国で均一な業務を行う、定められた予算の範囲内で事業を行う、などの性質がありますので、どうしても振り幅が小さくなります。融通が利かない、という指摘ももちろんあり、反省すべき要素も多々ありますが、やむを得ない面があるのも事実です。

　しかし、だからこそ社会情勢に常に気を配っている必要があります。役所の論理だけで仕事をしてしまうと、

前例の持つ力がどんどん強くなり、世の中との乖離がさらに大きくなってしまうからです。

　基本中の基本ですが、ニュースをきちんとチェックすることを怠らないようにしましょう。新聞やニュースサイトに加え、テレビのニュースも意識して見るべきだと思います。ニュースサイトについては、多様な意見に触れることができる利点がありますが、玉石混交のうえ、同じ意見の人が集まるサイトだけを見ていると偏った考え方になりかねないので注意が必要です。

　住民福祉の向上に努めるのが役所の根本的な使命です。それを果たすため、社会情勢をしっかり把握しておくのは、係長として当然の責務でしょう。

14

課長を支える、課長の目で見る

　私が入庁したころ、課長は少しのんびりした存在に見えました。もちろん、役所自体が今ほどピリピリしていなかった背景もあるでしょうが、かなりの部分を部下に任せ、課長は鷹揚に構えている印象がありました。

　今はすっかり様変わりしています。仕事が複雑になっていくなかで、課のマネジメントを担うのは大変です。人事管理も以前より格段に気を遣わなければならなくなり、議会対応もはるかに難しくなったように感じます。

　だからこそ、係長がしっかり支えましょう。頼りになる存在として、課長の味方になりましょう。

　業務においては、上げるべき成果を課長と共有することが大切です。年度当初に方向性をしっかり確認し合い、

随時進行状況を報告しましょう。また、課長にはその役割のうち、人事管理の比重がかなりありますので、ここをサポートできれば、課長の荷はかなり軽くなるはずです。

　課長の身になって支えるためには、自らが課長の目線で課全体を見渡すといいと思います。自分が課長ならどうするだろう、課長なら何ができるだろう、と考えることで、課長が何をしてもらいたいかわかるようになってきます。

　ただし、課長がやるべきことまで勝手にやってしまうと組織は混乱します。課のマネジメントの面においては、係長はあくまでもサポート役です。しっかり課長と意思疎通をしながら動くようにしましょう。

15

情報セキュリティに注意する

　今の役所の仕事は、IT技術に大きく依存しています。パソコンが動かなければ全く仕事にならないでしょうし、システムがダウンしてしまったら役所全体の業務が止まってしまうでしょう。また、何らかの原因で個人情報が漏れてしまったら、大変な事態になります。

　セキュリティに係る問題は、ちょっとした抜けや落ち度から起きることが多いようです。係長は、現場の情報管理責任者といった役割を担っていることが多いと思います。常に注意を喚起し、しっかり備えましょう。

　具体的にしておくべきは、係内におけるリスク要因の分析です。ITを使ったどんな業務を行っているか、どのようなリスクがあるか、といったことを事前に把握して

> ▶ ITを使っている業務をリストアップ
> ---------------------------------

> ▶ ITを使ううえでのリスクは？
> ---------------------------------

おく必要があります。そのうえで、個々のリスクに対して、ふさわしい予防策が採られているかどうか、継続的な見直しが求められます。USBなどの紛失の恐れがあるのであれば、なくさない仕組みを考えなければなりません。そして、それらの仕組みを徹底して行わなければ意味がありません。日々のことなので、徐々に緩んできがちですが、それこそが危険信号です。

　さらに、万が一システムが止まったらどうするかについても考えておくべきです。システムの不具合や人為的なミス、落雷など、システムが止まる可能性はゼロではありません。事前のシミュレーションをしておけば、いざという時に役立ちます。

16

変革リーダー
となる

　役所では、それまでの仕事の仕方を踏襲することが多いと思います。業務の性質上、前例に倣うことが効率的な面もあるとは思いますが、同じことを同じようにやり続けるだけでいいはずがありません。世の中は変わっていきますし、皆さんの給与も少しずつ上がっていきます。同じ場所にとどまっていては、責任を果たしているとは言えないでしょう。

　担当者は、どうしても目の前の仕事をやり遂げることに気持ちが向かいがちです。そこで、あえて波風を立てるのが係長の役割です。常に仕事を見直す気持ちを持つべきであると、ことあるごとに伝える必要があります。場合によっては、過去を否定することもいとわない姿勢

▶ 変えたいことは？

を示しましょう。

　係長に求められるのは、仕事をよりよいものにしていく動きを生み、それを支えることです。「自分には発想力がないから変革しろと言われても難しい」と考えるのではなく、人を焚き付け、周りを巻き込み、変化をサポートするのが係長の仕事なのです。

　部長や課長は、細かいところまではどうしても目が届きません。現場を知り、その現場を変えていけるのは係長です。「本当にこれでいいのか」という疑問を持ち続け、少しずつでも現実を変えていきましょう。変えていいんだ、という気持ちが広がれば、放っておいてもいろいろなことが動き出すはずです。

17

数字に
強くなる

　「数字に細かい人」というのは、一般的にはあまりほめ言葉としては使われません。ちょっと面倒な人を指すイメージです。しかし、仕事をきちんと進めていくためには、基礎的な数字をしっかり捉えておく必要があります。事業の対象者は何人くらいいるのか、達成率は県内平均と比べてどうなのか、といったことを知らないままでは、いい仕事はできないでしょう。

　ただし、あまり詳細な記憶にこだわり過ぎることはないと思います。正確性を追求するより、大雑把に摑まえる力を磨きたいものです。

　また、変化を見極める力も大切です。たとえば、交通事故が減っている場合、社会全体の状況を確認する必要が

あります。交通事故発生件数の全国平均が5％減のとき当該自治体が3％減では、減少しているといっても胸は張れないでしょう。さらに、内訳を分析することも忘れてはいけません。交通事故の例でいえば、年齢別、事故の内容別、場所別といった区分での推移も確認しましょう。

　資料の見方にも気を付けたいところです。なぜなら、作り手が自分の都合のいいように操作している可能性があるからです。グラフの作り方やアンケートの設問、調査の対象者など、注意して見るようにしましょう。

　数字に細かすぎるのはよくありませんが、数字に踊らされたり、数字に惑わされたりするのも困りものです。数字の見方を身に付け、数字を味方にしましょう。

18

体力をつける

　役所の係長の仕事は、基本的にデスクワークでしょう。
筋力は必要ないかもしれませんが、体力は必要です。

　いろいろ気を遣いながら仕事をするのはストレスが溜
まります。ストレスは体力を削っていきます。係長とな
ると、自分のことだけではなく部下に気を配る必要もあ
りますので、気疲れもするでしょう。一日椅子に座って
いるというのもそれはそれで疲れるものですし、ずっと
パソコンの画面を見つめ続けるというのも目の休まる暇
がありません。疲れが溜まってくると、思考力が衰え、
ミスをしがちになります。体がきついと気持ちに余裕が
なくなり、ついイライラして部下に当たってしまうこと
もあるかもしれません。

　体がしっかりしていないと、いい仕事はできません。意識して体力をつけましょう。

　と言ってもきつい筋トレは必要ありません。基本は、「しっかり食べて、きちんと寝る」だと思います。食は体を作る基本です。規則正しく、バランスのいい食事をとることが大切です。睡眠についても、規則正しくが重要です。日によって、寝る時間・起きる時間があまりにもバラバラでは、暮らしのリズムが崩れてしまいます。

　体力がつけば、病気にかかりにくくなり、平常心で仕事に臨むことができます。係長が体に不調をきたすと、課は大ピンチに陥ります。そうならないよう体のケアを怠らないようにしましょう。

19

クレームから
逃げない

　役所の仕事にクレームはつきものです。誰だってクレームの対応をするのは気が進みませんが、そこから逃げるわけにはいきません。

　住民からの意見の中には、それに応えることによって業務の改善が見込まれるものが少なくありません。ですから、厳しい意見を言われるたびに、すべてを「クレーム」と割り切ってしまってはいけません。まずはしっかり耳を傾け、活かせるものは活かしていきましょう。

　一方、あまりにも無理筋と思えるような申し立てがあるのも実態でしょう。クレームと呼ばざるを得ないような、いやクレームですらないようなものさえあるかもしれません。しかし、理不尽と思っても、スパッと切り上

げられないのが役所の難しいところです。

　早くこの場を切り上げたいからと、思いつきでいろいろ言ってしまうと、後でそちらの処理に手間取ることにもなりかねません。大変ですが、言いたいだけ言っていただくことが結局は近道なのでしょう。

　ただ、時間は有限です。どうしても相手をすることができないときもあるはずです。だからこそ、係長が逃げてはいけません。仕事が立て込んでいそうな職員が困っているなら、代わってあげなければなりませんし、時には、毅然と対応することも必要かもしれません。ここで逃げてしまうと、普段の言葉にも説得力がなくなってしまいます。係長の踏ん張りどころです。

Case 1

日曜夜の
エナジーチャージ

BOOK

『裸でも生きる ── 25歳女性起業家の号泣戦記』
山口絵理子 著（講談社）

　「途上国発のブランドを創る」という夢を実現させた女性社長・山口絵理子さんの自伝エッセイ。どん底から這い上がり、だまされ、裏切られても前を向く。波乱万丈という言葉では言い足らない山口さんの半生記。読んでいるうちに、怖いものがなくなり、力がみなぎってくるはず。

BOOK

『日本でいちばん大切にしたい会社』
坂本光司 著（あさ出版）

　この本では、「人を大切にする経営」をしている会社が紹介されています。「泣けるビジネス書」とも言われるように、心を震わされるエピソードの連続です。企業と役所の違いはありますが、仕事とは何か、組織とは何か、働くこととはどういうことか、改めて考えさせられます。

MOVIE

「ちはやふる　上の句」
（末次由紀 原作、小泉徳宏 監督・脚本、2016年）

　映画の宣伝文句どおり、まさに「青春映画の金字塔」。情熱が人を動かしていく様、仲間を思いやる姿、自分自身と向き合うつらさなど、胸が熱くなる要素がてんこ盛りです。とにかくおもしろい映画ですし、若手俳優たちのみずみずしさも相まって、きっと元気をもらえます。

落ち込んだときの心の支え

BOOK

『スーパー・ポジティヴ・シンキング
～日本一嫌われている芸能人が毎日笑顔でいる理由～』
井上裕介 著（ワニブックス）

　著者の井上さんは、人気お笑いコンビ NON STYLE のツッコミ担当です。いろいろ落ち込むことはあると思いますが、何かと言うと日本中からバッシングを受けていた井上さんと比べたら軽いもの。井上さんの笑顔の秘訣を読むと、なんだか勇気づけられます。

BOOK

『聖^{さとし}の青春』
大崎善生 著（角川文庫／講談社文庫）

　本作は、29 歳で夭折された天才棋士・村山聖さんの生涯を描いたノンフィクション小説です。村山さんは病に冒されながらも、驚異的な精神力で盤前に座り続けました。思い切り力を出せない無念さに胸を焦がされながら、最後の最後まで将棋を打ち続ける姿に胸を打たれます。弱音を吐いている場合じゃないな、と思わせられる 1 冊です。

MOVIE

「カメラを止めるな！」
（上田慎一郎 監督・脚本・編集、2017年）

　本作は最高におもしろい映画ですが、リアルなサクセスストーリーの面も。製作費わずか 300 万円で全く無名の監督・俳優で制作され、2 館だけで細々と始まった公開が、口コミで大ヒット。映画の内容にも通じますが、夢を持ち続けていれば叶うこともあるのだということを現実世界でも見せてくれました。笑えて力がみなぎる 1 本。

いつもと違う世界を知ってみる

『火車』
宮部みゆき 著（新潮文庫）

BOOK

いろいろな世界を知るためには、小説がお勧め。ノンフィクションも視野が広がりますが、作家の頭の中の無限の広がりを体験できる小説世界には格別なものがあります。ジャンルにこだわらず、いろいろ挑戦してみてはいかがでしょう。「火車」は、「このミステリーがすごい！ ベスト・オブ・ベスト 20」第 1 位に輝く傑作です。

『THE BOOKS
365人の本屋さんがどうしても届けたい「この一冊」』（ミシマ社）

BOOK

「本を読みたいけれど、どんな本を読んだらいいかわからない」「自分で選ぶと、どうしても似たような本ばかりを読んでしまう」という方も多いのでは。本書は、そんな人にお勧め。

本読みのプロである本屋の店員さんが「是非読んでほしい」と願っている本をまとめた 1 冊。新しい本と出会うにはもってこい。

「シェイプ・オブ・ウォーター」
（ギレルモ・デル・トロ 原案・監督、2017年）

MOVIE

ベネチア国際映画祭金獅子賞、アカデミー賞作品賞受賞作。「半魚人との恋」という突拍子もない設定を、キワモノとしてではなく、大人の恋愛として見事に描き上げます。少しエロティックで、宗教的でもあって。いい映画は、見たこともない、いや想像すらできないような世界に連れて行ってくれます。

明日の教養

ドラッカーの本

　大ベストセラーになった『もし高校野球の女子マネージャーがドラッカーの『マネジメント』を読んだら』(岩崎夏海 著、ダイヤモンド社)で、はじめて名前を聞いた方もいるかもしれません。ドラッカーは"マネジメントの父"と言われる知の巨人。どの著作を読んでも、その洞察に感銘を受けるはず。『もしドラ』から入るのもあり。

『ヤバい経済学』
スティーヴン・D・レヴィット/スティーヴン・J・ダブナー 著、望月衛 訳(東洋経済新報社)

　この本の著者は、「銃とプール、危ないのはどっち?」「相撲に八百長はある?」「学校の先生はインチキなんてしない?」といったテーマに、事実を積み上げて迫っていきます。役所には、「昔からこうしているから」といった思い込みで続いている事業があるのでは? 経済学の手法で因果関係を突き止める考え方はスリリングかつ参考になるはず。

「Newsモーニングサテライト」
(テレビ東京系)

　テレビ東京系の朝のニュース番組。一般のニュースではあまり取り上げられない、株式市場やアメリカ経済の話題が中心。日経平均、ダウ、円ドル、先物など、経済用語が飛び交います。一歩先を見せてもらえる番組で、毎日見続けることで経済についての素養が高まっていく実感を持つことができます。

マンガ ガンバレ

だって、中間管理職

振り向けば一人きり

係長

原案・林 誠
マンガ・福島弘行
（埼玉県北本市市長公室副参事）

とりあえず係長に

係長！会費、ちょっと多めにもらっていいですか？

もちろんだよー みんな がんばっているしさ！

今月 キビシイな…

○○君 今日議会で夜 遅くなりそうだ

悪いが 急に応援を頼むかもしれん よろしくな

約束はキャンセルか…

ハイ！

○○さん、この幹事お願いできます？

おう！もちろん

って何個めだ!?

体がいくつあっても 足りないよ〜〜

係長はつらいよ

のびのび育って複雑

今日から課長となった ○○君だ

かつて新人として僕の部下だった ○○君が課長としてやってきた

そんなのやれねーす

それでもやるんだ

その昔

生意気だった ○○君だったがのびのびと育てたつもりだ

よくやった!!

そんな彼が課長試験をパスし、上司になった

失敗なんて恐れずのびのびとやってほしい！

内心すごく複雑だ…

135

おわりに

　お読みいただいた皆さんにとっては、遠い先の話かもしれませんが、いつか自分の役所生活を振り返る時が来ます。そのとき、少なからぬ人が、
「一番楽しかったのは係長時代だったな」
と思い起こすのではないでしょうか。

　現時点で、まさに係長として苦労されている方にとっては、将来、今が一番楽しかったと振り返ることなど信じられないかもしれません。しかし、係長時代は、年齢的にも脂が乗っている年代でしょうし、仕事的にもぐいぐい入り込んでいける時期でしょう。自らが先頭になって困難に立ち向かう場面は、過ぎてしまえば大きな財産になるはずです。
　皆さんは今、とてもすばらしい時間を過ごしておられるのです。

　自分が係長だったころを思い出すと、一番やんちゃな時代だった気がします。
　思いついたことをどんどん提案して、後先考えずに突っ走っていました。当時の上司の皆さんには、大変な

ご心配とご迷惑をおかけしたことだろうと、今になって
わかります。とっくに手遅れですが、改めてお詫びと感
謝の気持ちをお伝えしたいと思います。本当に、お世話
になりました。

　私がワイワイやっていた時代と比べて、世の中も役所
の仕組みもややこしくなりました。そんななか、職責を
果たされている係長のみなさんには、本当に頭が下がり
ます。大変ですが、役所を動かしているというやりがい
を力にして、さらに前に進んでください。
　そして、休むときはしっかり休み、遊ぶときにはしっ
かり遊んでください。世の中と関わることが、仕事に深
みをもたらしてくれると思います。

　役所に限らず、係長が輝いている組織は、きっと未来
も明るいと思います。皆さん、それぞれの色で、思う存
分光を放ってください。
　この本に詰め込んだエールが、みなさんに届きますよ
うに。
　　令和３年３月

　　　　　　　　　　　　　　　　　　　　林　誠

MEMO

MEMO

MEMO

MEMO

MEMO

MEMO

MEMO

MEMO

MEMO

MEMO

MEMO

MEMO

林　誠（はやし・まこと）

所沢市財務部長。1965年滋賀県生まれ。早稲田大学政治経済学部経済学科卒業。日本電気株式会社に就職。その後、所沢市役所に入庁。一時埼玉県庁に出向し、現在に至る。市では、財政部門、商業振興部門、政策企画部門等に所属。2020年より現職。役所にも経営的な発想や企業会計的な考え方も必要と中小企業診断士資格を、東京オリンピック・パラリンピックに向けて通訳案内士資格を取得したほか、現在はイタリア語の勉強に悪戦苦闘中。また、所沢市職員有志の勉強会「所沢市経済どうゆう会」の活動を行う。係長時代は子育て中で、毎朝2時50分起きの日々。リラックス法は映画鑑賞。ほぼ毎週末映画館に通い、鑑賞本数は年およそ100本。

●著書

『お役所の潰れない会計学』（自由国民社）

『9割の公務員が知らない お金の貯め方・増やし方』（学陽書房）

『どんな部署でも必ず役立つ 公務員の読み書きそろばん』（学陽書房）

『財政課のシゴト』（ぎょうせい）

『イチからわかる！"議会答弁書"作成のコツ』（ぎょうせい）

my公務員BOOK「係長」

令和3年4月15日　第1刷発行

著　者　林　誠

発　行　株式会社ぎょうせい

〒136-8575　東京都江東区新木場1-18-11
URL：https://gyosei.jp

フリーコール　0120-953-431

ぎょうせい　お問い合わせ 検索 https://gyosei.jp/inquiry/

〈検印省略〉

印刷　ぎょうせいデジタル株式会社　　　　　　　©2021　Printed in Japan
※乱丁・落丁本はお取り替えいたします。

ISBN978-4-324-10932-8
(5108679-00-000)
〔略号：マイ係長〕

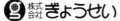